AF456828

LA

DÉMOCRATIE

ET LA

CONSTITUTION

PAR

FÉLIX ANGLÈS

AVOCAT

Membre du Conseil général du Var

Prix : 40 centimes

DRAGUIGNAN

IMPRIMERIE ET LIBRAIRIE GÉNÉRALES P. GIMBERT FILS

1875

LA DÉMOCRATIE

ET

LA CONSTITUTION

I

L'Assemblée nationale ne peut tarder à se dissoudre : La parole sera rendue au Pays.

Les partis s'agitent : la réaction s'efforce de jeter le trouble au sein des populations paisibles, pendant que quelques hommes politiques entreprennent à la légère une propagande dite *intransigeante*.

Ces circonstances diverses pouvant égarer l'opinion, on se demande s'il ne convient pas de dévoiler dès à présent les manœuvres réactionnaires ; s'il n'est pas opportun de dire, sur la politique *intransigeante*, l'appréciation des républicains sérieux et patriotes.

Combattre l'intransigeance serait vraiment lui faire beaucoup d'honneur : elle n'a pas assurément, dans le pays, plus d'adhérents qu'elle ne compte de patrons à l'Assemblée ; on semblerait d'ailleurs, ainsi que les adversaires de la République, on semblerait vouloir donner de l'importance à cette politique.

A ce propos, il est intéressant de lire les feuilles royalistes ou bonapartistes ; il est instructif de voir l'empressement de ces feuilles à saisir les plus minces détails, les circonstances les plus minimes pour effrayer l'opinion : quelques discours sont prononcés, dans le désert, par trois députés ; les colonnes du journal l'*Evénement* paraphrasent ces discours, et aussitôt nos adversaires de ressusciter la vieille comédie usée, du Spectre rouge. Mais l'opinion, grâce aux leçons du passé, se tient en garde et attend.

D'autre part, assister impassible aux diverses manœuvres des partis, détourner les yeux de ce spectacle attristant, ne rien faire et ne rien dire... est-ce bien là notre rôle ? N'appartient-il pas aux hommes revêtus de la confiance de leurs concitoyens, de prendre parfois la plume ou la parole, sinon pour combattre un danger qui n'existe pas, du moins pour avertir les populations, pour les éclairer sur la vérité des faits, sur l'ensemble d'une situation, sur la ligne politique enfin qu'il est à la fois utile et honorable de suivre sans hésitation.

Ces considérations diverses pourraient expliquer déjà le *pourquoi* de ce petit écrit : toutefois il n'eût pas vu le jour, si deux apôtres de l'intransigeance n'étaient apparus dans nos contrées, si MM. Madier-Montjau et Naquet n'étaient venus, *à la réunion du Luc*, jeter le trouble dans quelques esprits ombrageux, semer des scrupules dans quelques consciences. Ces deux orateurs superbes, ces ennemis jurés de la politique-pratique n'ont peut être pas complètement perdu leur temps : ils ont à coup sûr fait rêver pendant 24 heures plus d'un excellent républicain ! Mais c'est tout et c'est déjà trop.

La démocratie du Luc a pu entendre la parole, fort brillante, dit-on, de M. Madier-Montjau et les théories savantes de M. Naquet. Nos amis du Luc, qui connaissent et pratiquent si bien les devoirs de l'hospitalité, ont applaudi d'enthousiasme, quand ils pensaient, au fond, que cette propagande était au moins inopportune.

Mais les échos de cette réunion redisent-ils fidèlement la vérité ? Je prends tout d'abord le journal l'*Evénement* en flagrant délit d'inexactitude.

« L'assistance, dit-il, comprenait un grand « nombre de conseillers généraux... »

Ce fait est absolument faux : un seul membre du Conseil général, *qui est député*, s'est rendu à la réunion. Que nos populations du Var le sachent donc bien : la majorité républicaine du Conseil général n'est pas pour la politique intransigeante ; je crois pouvoir l'affirmer ici au nom de mes collègues (1).

L'*Evénement* est allé plus loin : Un député du Var, par pure courtoisie, offre-t-il la présidence à M. Madier-Montjau ; un autre député, tout en combattant la politique Naquet, tient-il un langage républicain ; voilà ces deux honorables immédiatement classés par ce journal dans le groupe intransigeant.

Il est certes regrettable d'avoir à relever de semblables insinuations ; mais la chose est indispensable pour éclairer avant tout nos coréligionnaires politiques sur la vérité, sur l'exactitude des faits.

(1) Cette manière de voir est confirmée par une lettre fort sensée adressée au *Progrès du Var*, par mon collègue et ami M. Bruno Chabrier, président de la Commission départementale.

Il est permis d'espérer que ces faits auront été plus fidèlement rapportés dans nos communes par les auditeurs de la réunion ; mais ce qu'il est peut-être bon de redouter, c'est le récit de l'impression produite : quelquefois un enthousiaste ou un rêveur rapporte à ses concitoyens une impression toute contraire à la réalité ; plus souvent peut-être quelque madré réactionnaire déguisé en républicain s'étudie à tromper l'opinion... et Dieu sait si l'opinion est facile à tromper !

C'est pour parer à ces inconvénients divers qu'il m'a paru utile et opportun de signaler le piége à nos amis, de tracer à nos populations la ligne politique qu'il convient de suivre avec confiance, loyauté, énergie.

II

A cet effet, il n'est pas inutile de jeter un coup-d'œil rétrospectif sur l'histoire du 4 septembre 1870 au 25 février 1875.

Le Pouvoir, on l'a dit avec raison, fut « ramassé » le 4 septembre, par quelques hommes de bonne volonté, qui n'hésitèrent pas, dans leur patriotisme, à prendre la direction des affaires, au moment le plus critique et le plus douloureux.

Le Pays reconnut, sans récrimination, l'autorité de ces hommes : la France confia ses destinées au Gouvernement de la Défense nationale. Certes, il ne manquait pas d'adversaires à ce Gouvernement provisoire, et des adversaires les plus redoutables, parce qu'ils travaillaient dans l'ombre : ils s'en allaient hypocritement décourager les populations rurales; ils propageaient les nouvelles les plus étranges, afin d'éteindre le patriotisme; ils semaient partout l'alarme et conseillaient même le refus de l'impôt... et pendant ce temps, nos soldats improvisés se faisaient tuer sur les champs de bataille, et l'impitoyable Allemand occupait chaque jour de nouvelles provinces. Pendant ce temps aussi, le Gouvernement tentait de nouveaux et constants efforts; vains efforts, si l'on veut, mais efforts honorables et patriotiques que l'histoire, un jour, saura juger avec son équitable impartialité.

L'armistice était signé; les Français étaient appelés à l'élection des représentants à l'Assemblée nationale. Le Pays fatigué voulait la paix; la question purement politique n'a pas dominé cette élection; des monarchistes en grand nombre ont été élus représentants de la France républicaine.

Etrange spectacle que cette réunion de représentants à Bordeaux; douleur amère que ce traité de paix qui nous arrachait l'Alsace et la Lorraine. Qui n'admirerait le patriotisme des Thiers, des Jules Favre et tant d'autres — depuis lâchement calomniés — s'en allant traiter de la rançon de la France et de l'honneur du Pays!

Où étiez-vous donc alors, princes, rois ou

empereurs, où étiez-vous, la horde des prétendants, aujourd'hui avides du trône et des richesses de la France? Que ne veniez-vous, au moment douloureux, revendiquer ces droits prétendus de famille ou ces conquêtes de la force par les coups d'Etat?

Ils se cachèrent tous : pas un ne voulut à cette heure suprême supporter un aussi lourd fardeau. La tactique était évidente, mais elle était lâche : « Que la République, disaient-ils, que la République qui n'a pas voulu la guerre, supporte seule les responsabilités d'une paix cruelle; que la République paie la rançon; que les lourds impôts soient perçus en son nom, et, — la calomnie aidant, — le peuple nous appellera bientôt à la rescousse. »

En effet, la République a fait la paix; la République a perçu les impôts; la République a payé la rançon, libéré le territoire... et la France n'a pas cessé de crier : vive la République.

Les manifestations fréquentes de la volonté nationale, par les élections partielles, ont éclairé certains membres de l'ancienne majorité monarchique. Que de tentatives pourtant ont été faites, à partir surtout de cette date sinistre du 24 mai 1873! Il semblait qu'on voulait provoquer le Pays, pousser à bout les populations, tenter en un mot le dernier coup par le *Gouvernement de combat*.

Le renversement du premier président de la République, du libérateur du territoire, fut le signal du complot et l'on vit bondir au pouvoir la troupe des de Broglie, Beulé, de Fourtou et tant d'autres plus avides.

Toutefois, les conjurés n'eurent pas l'audace de placer à la tête du Gouvernement un des conspirateurs et le maréchal de Mac-Mahon fut élevé par l'Assemblée, à la première magistrature de la République : mais hélas! il n'a pu empêcher les tentatives échevelées de tous les prétendants, durant la période qui s'est écoulée entre le 24 mai 1873 et le 25 février 1875.

Quelle fut, en ces graves conjonctures, l'attitude de la démocratie française? Profitant des leçons du passé, confiant dans l'avenir, le parti républicain s'était emparé de cette parole mémorable de Bordeaux : « *Le gouvernement sera au plus sage...* »

Une insurrection terrible éclatait à Paris en 1871 : La *commune*, qui pouvait être une manifestation pacifique, une revendication avouable des franchises municipales, la Commune, par suite peut-être d'excitations mystérieuses, a vu commettre, en son nom, les forfaits les plus inouïs. Ces souvenirs sanglants sont flétris par tous les honnêtes gens... Je les flétris ici au nom de la démocratie républicaine!...

Ainsi donc, pendant quatre années, ce parti républicain, que l'on qualifie de perturbateur et d'agitateur, est resté sourd à toutes les excitations : appel à l'insurrection, fait au nom de principes respectables; provocations de toute nature par les habiles de la réaction; tentatives de suppression du suffrage universel; confiscation de la liberté municipale la plus élémentaire; licence pour les monarchistes, bonapartistes et cléricaux; persécution des républicains; administration énervante; état de siége permanent; rien n'a pu l'ébranler : — « *Le Gouvernement appartient au plus sage.* »

Et en effet, la majorité réactionnaire de l'Assemblée nationale tombait en décomposition : parmi les libéraux de droite, quelques-uns, hommes de cœur aveuglés jusqu'ici, sont venus franchement à nous; d'autres, les habiles, dont on se souciait d'ailleurs médiocrement, se sont rapprochés de nous : bref, il s'est trouvé enfin une majorité constitutionnelle, pour fonder définitivement la République et lui donner une constitution, le 25 février 1875.

III

En vérité, je le demande à tout républicain de sens et de bonne foi : le 25 février ne fût-il pas un beau jour pour nous? Au moment même où la démocratie française était dans l'alarme, alors que la réaction ne cessait de conspirer contre nos espérances, à l'heure où la ligue incestueuse de tous les partis princiers était encore vivace et redoutable; tout-à-coup une proposition surgit, humble, inattendue, qui décide, en une seconde, du sort de la Patrie!

La République est proclamée. Elle devient sans conteste le gouvernement légal et définitif de la France!

Mais souvenez-vous donc, incorrigibles mécontents, souvenez-vous du passé, d'un passé surtout si récent et si proche ; n'entendez-vous pas ces politiques aux abois qui, n'étant pas prêts encore à produire leur prince, inventaient à plaisir des moyens dilatoires? Ne voyez-vous pas ces projets absurdes, mais dangereux, qui consistaient à doter notre France d'un pouvoir absolument personnel? Vous souvient-il du septennat et autres projets de même nature. Facéties, dites-vous, élucubrations absurdes! qui ne pouvaient aboutir au résultat demandé.

Ce serait vraiment se tromper que de refuser à ces projets toute leur importance et leur danger : les hommes qui avaient conduit mystérieusement la conjuration du 24 mai étaient capables de bien d'autres conceptions encore.

Une telle coalition déchaînée contre les idées de progrès et de liberté, contre la République et la démocratie, une telle coalition ne devait reculer devant rien.

Soyons de bonne foi; rendons à César ce qui est à César, et reconnaissons franchement que les *républicains de la veille*, en minorité dans l'Assemblée nationale, ne pouvaient *seuls* obtenir le résultat que nous tenons.

Cette République du 25 février enfin proclamée, qu'elle ne fût pas la joie du Pays? Quels transports, quels soupirs de soulagement, quelle confiance dans l'avenir!

Pourrez-vous nier la reprise immédiate des affaires ; l'agriculture prospère ; l'industrie et le commerce florissants ; les revenus rentrant en masse dans les caisses de l'Etat ; le bien être enfin si longtemps attendu.

Tels sont les résultats immenses, vrais, indiscutables du vote du 25 février ;

Si, d'une part, l'on considère ces résultats ; si l'on songe d'autre part aux difficultés qu'avait à surmonter la minorité républicaine de l'Assemblée nationale, on doit se féliciter d'une situation relativement heureuse et satisfaisante.

IV

Toute médaille a son revers. Aussitôt après le vote, divers groupes de mécontents ne peuvent retenir leurs plaintes : les légitimistes se voilent la face de douleur et s'enveloppent tristement dans les plis du drapeau blanc ; les orléanistes n'osent trop gémir, car la République Wallon, disent-ils, est quelque peu taillée sur le modèle de la monarchie de juillet, c'est ce que nous examinerons tout-à-l'heure ; quand aux bonapartistes, ils serrent dans leurs doigts crispés le gourdin traditionnel et s'endorment en rêvant de complots et coups d'Etat.

Quelques hommes encore laissent entendre des plaintes : ceux-là sont pourtant républicains, anciens serviteurs de la cause démocratique : je les appellerai pour ma part, vieux rêveurs, ne voulant pas attribuer d'autre cause à leur étrange attitude. Ils ont oublié que les théories fameuses ont constamment perdu les Républiques; pour eux le souvenir du passé n'existe pas, l'expérience est lettre morte. La république votée n'est pas l'idéal de leur république, ils n'en veulent pas : préféreraient-ils donc s'exposer encore à des tentatives monarchiques redoutables ? Voudraient-ils recommencer l'ère des révolutions ? Mais dans tous les cas, ils semblent accuser leurs amis de trahison ; le rôle important joué par M. Gambetta les offusque ; le sens pratique du journal la *République Française* les rend rêveurs : ils sont *intransigeants !*

Voilà un mot sonore, une expression qui fait admirablement dans le paysage !

Heureusement, le temps des illusions n'est plus. On dit avec raison qu'en 1848, les grands mots et les théories décevantes jouèrent un rôle important ; que le pauvre peuple s'est laissé bien des fois bercer de trompeuses illusions ; on dit aussi que c'est là une des causes premières de la fin tragique de cette République.

Plus tard, au 4 septembre 1870, des hommes de bonne foi furent sur le point de suivre les mêmes errements ; on put heureusement les arrêter et le bon sens public fit justice à de semblables tentatives.

L'expérience est un grand maître, mais il est surprenant de voir des intelligences d'élite se laisser glisser sur une aussi dangereuse pente.

Quoi qu'en dise la réaction, MM. Naquet et Madier-Montjau n'ont obtenu au Luc qu'un *succès d'estime* : il faut que toutes nos communes le sachent bien et que nul ne l'ignore.

V

Quant à nous, républicains constitutionnels, quel est notre programme ?

Nous sommes partisans de la démocratie républicaine ; c'est-à-dire serviteurs de la volonté populaire, manifestée par le suffrage universel.

Par *peuple* il faut entendre l'universalité des citoyens, sans acception de classe ou de condition : paysans, artisans, ou bourgeois, riches ou pauvres, tous font partie, au même titre, de la masse populaire, en vertu du principe égalitaire consacré par notre Révolution française.

La prétention des classes — dites dirigeantes — de vouloir conduire seules les destinées du Pays, serait absurde ; la même prétention venant des autres portions de la Société, serait une autre tyrannie. Nous voulons la République ouverte à tout ce qui est honnête et intelligent ; le pouvoir accessible à tout ce qui est sincèrement républicain.

Voyons maintenant ce qui constitue, entre le gouvernement des d'Orléans et notre Constitution républicaine, la différence capitale — pour me servir d'une expression vulgaire — la différence de la nuit au jour.

Sous la monarchie de Juillet, on avait, au sommet de l'échelle, une hérédité perpétuelle : bon ou mauvais, il fallait subir le roi à perpétuité. Sous notre République, le chef du Gouvernement, le *primus inter pares*, est nommé, pour un temps déterminé, par les représentants de la Nation. Nos constituants d'ailleurs, profitant de la triste expérience de la Constitution de 1848, n'ont pas voulu, cette fois, confier à une sorte de plébiscite l'élection du Président de la République.

Sous la monarchie de Juillet, les Pairs étaient choisis par le roi, les Députés de la Nation étaient nommés par le privilége, c'est-à-dire par les électeurs censitaires — c'était le règne du *pays légal*. Sous notre République, le Sénat est élu par le suffrage universel à deux degrés, les Députés sont élus par le suffrage universel direct.

Les adversaires de la Constitution se trompent donc lorsque, pour égarer la démocratie, ils lui font accroire que notre République est une Monarchie sans monarque, qui doit un jour nous amener un roi. Ils oublient que, le suffrage universel est là qui veille : l'ère des monarchies est donc fermée pour la France.

Le suffrage universel a passé depuis sa naissance, depuis 1848, par des épreuves bien cruelles : il a été irrité d'abord par la tentative de suppression du 31 mai 1850 ; lâchement trompé, intimidé et enchaîné au 2 décembre 1851 ; Sédan, hélas ! lui ouvrit enfin les yeux, en même temps qu'il lui rendait sa liberté. Après de tels enseignements, le suffrage universel ne redeviendra jamais un instrument du pouvoir ; il restera, selon son origine, l'expression la plus intime de la souveraineté nationale.

Les adversaires de la Constitution critiquent encore le mode d'élection du sénat : il eût été certainement préférable de confier directement aux électeurs le soin de choisir les membres de la chambre haute. Tous les efforts n'ont-ils pas été tentés à cet égard ? ne devint-il pas indispensable, pour sauver encore une fois la République, de renoncer même à cette prétention si légitime ? Il fallut aussi concéder ce point à ceux qui concédaient à la démocratie l'abandon de leur principe monarchique ?

On dit encore : qu'adviendra-t-il si le sénat, usant de sa prérogative, veut dissoudre la chambre des députés ? on prévoit même le cas où le sénat poursuivrait une deuxième dissolution, et au lieu de laisser purement de côté cette éventualité invraisemblable, on semble même la désirer, on semble aussi vouloir dès ce jour exciter à la révolte de paisibles populations.

Non, les hommes qui émettent et soutiennent de semblables théories ne sont pas des hommes politiques. La France demande la paix, le calme après la tourmente, et l'on se complait à vouloir la jeter encore dans le trouble et l'agitation.

Mais ces manifestations bruyantes restent sans écho ; le bon sens public en a fait prompte justice.

VI

Un récent discours de l'honorable M. Jules Simon a tracé la ligne de conduite qui sera suivie prochainement par les Gauches : nous devons tous nous associer à ce programme que je me borne à énoncer presque sans commentaires.

Le maintien du scrutin de liste;

La levée de l'état de siége;

La nomination des maires par le conseil municipal.

Le scrutin de liste, s'il n'était, en démocratie, considéré comme un principe, devrait être maintenu par la seule pensée des corruptions et désastres électoraux du scrutin nominal, sous l'Empire.

La levée de l'état de siége ne soutient pas

l'examen. L'histoire un jour prononcera un jugement sévère sur les hommes qui n'ont pas rougi de maintenir leur pays, pendant cinq ans, sous ce régime d'exception.

La nomination des maires par les élus de la cité : peut-on trouver une institution plus respectable et plus naturelle à la fois! on n'a pas craint pourtant, dans un but qui n'est plus un mystère aujourd'hui, on n'a pas craint de porter audacieusement la main sur ce dernier lambeau des franchises municipales. Non seulement on a inscrit le principe dans la loi, mais, dans l'application, on est allé arracher aux fonctions municipales les hommes les plus intègres et les plus dévoués : je me fais un honneur insigne d'avoir été du nombre des victimes et certes, j'étais en excellente et honorable compagnie.

VII

On se plaint, avec juste raison, de l'administration et de l'esprit qui l'anime.

Politique réactionnaire, esprit de mesquine tracasserie, hostilité, — parfois souterraine, mais toujours résolue, — contre tout ce qui est revêtu de la confiance populaire ; tels sont les principaux caractères de l'administration. On peut apprécier par là, le préjudice causé aux intérêts des communes, de même qu'à certains intérêts privés.

On propose, à la vérité, de changer les préfets, sous-préfets, etc., mais c'est, avant tout, la tête qu'il importe de renouveler : c'est le ministre de l'Intérieur, inspirateur de la politique générale, parmi les agents du Gouvernement, qui doit céder sa place à un représentant plus exact de la République constitutionnelle; son jour, dit-on, n'est pas éloigné; acceptons cette douce espérance. Ce sera l'inauguration de la politique ferme et vraiment constitutionnelle à laquelle toute la démocratie doit se rattacher, à la suite de ses représentants à l'Assemblée.

Le développement du cléricalisme est un autre légitime sujet de plainte. Il convient à cet égard de distinguer avec soin le cléricalisme de la religion. Les habiles s'appliquent surtout à confondre ces deux qualités et se plaisent à appeler les adversaires du cléricalisme persécuteurs de la religion.

La liberté de conscience est une de nos conquêtes les plus précieuses, aucun ami sérieux de la liberté ne peut donc songer à attaquer ou persécuter des hommes sincèrement attachés à leurs croyances. Rien n'est plus respectable que la sincérité et la bonne foi en matière de religions.

Le cléricalisme, au contraire, est un parti politique puissant, ennemi de tout progrès, adversaire né de la forme républicaine et de la démocratie. Les lois de l'Etat, les constitutions n'ont à ses yeux qu'une valeur relative, elles sont subordonnées à la décision du pouvoir plus puissant qui le commande.

Le cléricalisme a pour lui tous les priviléges : c'est un Etat dans l'Etat.

La morale religieuse enseigne la charité que nous appelons, en démocratie, la fraternité. Le cléricalisme, au contraire, armé de toutes pièces, marche au combat : il veut détruire, anéantir tout ce qui s'oppose à sa course envahissante.

J'ai parlé de liberté de conscience : Nous voyons ce qui se passe en France, et combien ce grand principe est chaque jour méconnu. Profitons au moins des leçons que nous donne parfois l'Etranger et recueillons, pour la plus grande édification de tous, les paroles récemment prononcées par le chef de la grande République américaine.

« Travaillons, écrivait le général Grant, pour « la sécurité de la libre pensée, de la libre pa- « role, de la presse libre, de la pure morale, « des sentiments religieux affranchis de toute « entrave, de l'égalité des droits et libertés de « de tous les hommes, sans acception de natio- « nalité, de couleur et de religion ; encoura- « geons les écoles libres, faisons que pas un « seul des dollars destinés à cette œuvre ne soit « consacré à soutenir une école sectaire ; déci- « dons que ni un Etat, ni la nation ne sou-

« tiendront d'autres institutions que celles où
« tout enfant pourra recevoir l'éducation com-
« mune, pure de tout enseignement athée, païen,
« ou sectaire ; laissons l'enseignement religieux
« sur l'autel de la famille et maintenons à jamais
« séparés l'Eglise et l'Etat. »

. . . .

« Si, dans un avenir prochain, nous avons
« quelques contestations, je prévois que ce
« n'est pas la ligne de Masson et de Dixon
« qui nous séparera, mais une ligne tracée
« entre le patriotisme et l'intelligence d'une
« part, la superstition, l'ambition et l'ignorance
« de l'autre. »

Développer, favoriser l'instruction populaire ; donner à la génération qui arrive l'éducation virile ; accueillir par le calme et l'indifférence les manifestations répétées de la faction ; Tels sont les moyens à opposer aux prétentions cléricales. Un jour prochain viendra sans doute où un gouvernement vraiment libéral fera une application réelle du principe d'égalité qui est la force des nations : jusque là il faut s'armer encore de patience et de patriotisme.

VIII

Au début de cet écrit, j'ai dit que je me proposais d'une part, de démasquer les calomnies réactionnaires, d'autre part, d'éclairer mes concitoyens sur la politique intransigeante.

Voici, pour terminer, un échantillon, entre mille, des aménités de la réaction : il est puisé dans un journal légitimiste clérical et dans une feuille bonapartiste.

« L'agitation électorale commence à se mani-
« fester parmi nous d'une manière très sensible.
« M. Naquet et les intransigeants font preuve
« d'une grande intelligence en choisissant notre
« département comme le premier théâtre de leur
« expérimentation. Là, tout est prêt pour leur
« succès : les passions les plus brûlantes, un es-
« poir non déguisé de vengeance et surtout de spo-

« liation, la dépossession des propriétaires, telles « sont les idées que nos ouvriers bouchonniers, « nos paysans ignorants et leurs meneurs cupi- « des attachent au mot de République.

« Quelques hommes d'honneur et d'intelligence « professent les opinions républicaines modérées, « mais ils sont peu nombreux, sans crédit, dé- « couragés; et, ayant conscience de leur impuis- « sance, ils s'effacent et se tiennent à l'écart.

« Dans chaque commune, l'homme véritable- « ment influent, c'est le démagogue débauché et « paresseux, qui passe sa vie au cabaret et compte « sur un bouleversement pour mettre de l'ordre « dans ses affaires délabrées. Un tel public appar- « tient de droit au radicalisme. Aussi, parmi « nous, il s'étend, il s'avance, il triomphe. »

D'autre part, un homme de mérite, un républicain très sensé, M. Pierre Véron, du *Charivari*, met en garde nos amis contre le danger de la politique intransigeante; il n'est pas possible de rapporter ici le remarquable article qu'il a écrit à ce sujet, mais on ne saurait trop recommander sa lecture. (1)

(1) *Charivari*, numéro du samedi, 9 octobre 1875.

IX

En somme, bien des critiques peuvent être justement adressées à la Constitution du 25 février : Dans tous les cas, ce qui est fait est bien fait ; les récriminations sont au moins intempestives. Républicains, nous avons le Gouvernement de la République ; il nous appartient maintenant de le diriger, non pas à l'exclusion des nouveaux convertis, mais il nous appartient du moins de prendre la plus grande part à sa direction.

Nous avons un instrument de Gouvernement, sachons nous en servir pour le plus grand bien du pays tout entier et pour le triomphe de la saine démocratie.

Je ne puis résister ici à la tentation de reproduire quelques observations, toutes de circonstances tirées du journal le *New-York-Hérald* :

» C'est une grave erreur et un excès de zèle de la part de M. Louis Blanc d'attaquer en ce moment la nouvelle République française. Aux Etats-Unis les institutions républicaines se sont établies progressivement ; il en sera de même en France.

» Les hommes d'Etat qui ont fondé la République en Amérique étaient relativement aussi conservateurs que le maréchal de Mac-Mahon.

» Il y avait autant de différence entre le républicanisme de Washington et celui de Jefferson qu'il y en a entre celui de M. Louis Blanc et celui de M. Thiers. Les radicaux de l'époque ont compris qu'il était sage, pour soutenir la République américaine, de fortifier le gouvernement de Washington. Ils ont compris qu'il fallait gagner l'élément conservateur du pays et lui montrer que l'effet des institutions républicaines n'était pas de troubler la société, mais de donner au peuple la liberté, l'ordre et la tranquillité. La République du maréchal de Mac-Mahon n'est évidemment pas l'idéal. Mais après lui, si les républicains se conduisent avec sagesse, ils auront un *leader* qui fera pour la

France ce que Jefferson a fait pour les Etats-Unis. »

Oui, certes, les réformes politiques et sociales ne peuvent s'accomplir en un jour : nous verrons peu à peu les institutions républicaines s'acclimater en France, et ce temps d'épreuves sera d'autant plus court que la démocratie républicaine sera plus sage et plus modérée.

Soyons donc essentiellement constitutionnels, et défendons la République, légalement, définitivement établie en France par la Constitution du 25 février, contre les dangers qui l'environnent de toute part.

En 1880, armés de la clause de *révision*, nous pourrons progressivement améliorer cette constitution dans le sens républicain.

X

Ce sujet prêterait à des développements considérables, mais le but que je me proposais était infiniment plus modeste et — j'aime du moins à le croire — des plus louables.

J'ai voulu expliquer à nos concitoyens, à nos populations rurales surtout, la situation politique actuelle, avec les espérances qu'elle comporte et les dangers qu'elle présente. Je me suis efforcé de le faire aussi nettement que possible, dans ce langage que sa simplicité et sa loyauté mettent à la portée de toutes les intelligences.

Puisse l'union des forces républicaines s'affermir chaque jour davantage : que tous ceux qui sont attachés sincèrement à la cause de la démocratie ; que ceux qui par origine, par tempérament ou par raison, veulent la République, n'oublient pas qu'un effort suprême est nécessaire pour déjouer, au dernier moment, les tentatives de nos adversaires.

Cette union si désirable existera; et pourtant avec quelle sollicitude ne doit-on pas y veiller? Combien de divisions intestines ne voit-on pas surgir parfois? La jalousie, la méfiance sont à l'ordre du jour : les petites passions locales sont excitées au dernier point ; ces querelles minuscules pourraient amener des difficultés entre concitoyens d'un même département; enfin, comme la propagation du mal est prompte, on assisterait peut-être à des tentatives de division plus redoutables, si les hommes de bonne foi et de dévoûment n'y apportaient d'énergiques obstacles.

20 octobre 1875.

www.ingramcontent.com/pod-product-compliance
Ingram Content Group UK Ltd.
Pitfield, Milton Keynes, MK11 3LW, UK
UKHW022156190726
13855UKWH00004B/1505

9 782013 246293